阅读天津

罗澍伟 主编

津渡
FERRY
CROSSING

虹桥飞百尺

张 建—著摄

天津出版传媒集团

天津人民出版社

图书在版编目（CIP）数据

虹桥飞百尺 / 张建著、摄. —— 天津 : 天津人民出
版社, 2022.10
（阅读天津·津渡 / 罗澍伟主编）
ISBN 978-7-201-18760-0

Ⅰ.①虹… Ⅱ.①张… Ⅲ.①桥－天津－摄影集
Ⅳ.①K928.78-64

中国版本图书馆CIP数据核字(2022)第159491号

虹桥飞百尺
HONGQIAO FEI BAICHI

出　　版	天津人民出版社	
出 版 人	刘　庆	
地　　址	天津市和平区西康路 35 号	
邮购电话	（022）23332469	
策　　划	纪秀荣　任　洁　赵子源	
责任编辑	康悦怡	
装帧设计	世纪座标　明轩文化	
美术编辑	郭亚非　汤　磊	
印　　刷	天津海顺印业包装有限公司	
经　　销	新华书店	
开　　本	787 毫米 ×1092 毫米　1/32	
印　　张	5.5	
字　　数	65 千字	
版次印次	2022 年 10 月第 1 版　2022 年 10 月第 1 次印刷	
定　　价	38.00 元	

HOW TO READ TIANJIN

FERRY CROSSING

主编的话

罗澍伟

　　乘着凉爽的秋风，"阅读天津"系列口袋书第一辑"津渡"，翩然而至，饱含播种的艰辛和收获的喜悦。

　　天津，是国家历史文化名城，是一座因河而生、因海而长的城市。河与海，丰富了这座城市的历史与生命，让她既传统又时尚，既守正又包容，既质朴又浪漫，多元文化在这里相遇。一年四季，这座城市总是仪态万方、光华夺目，散发着永恒的人文魅力。

　　"津渡"，以上吞九水、中连百沽、下抵渤海的海河为蹊径，深情凝视这座城市的岁月过往，又经由现代价值的过滤，带领读

HOW TO READ TIANJIN
FERRY CROSSING

者重返时间洪流，感受津沽大地所存储的厚重记忆。十本图文并茂的普及性读物，涵盖了海河的历史悠久、运河的遗存丰厚、建筑的精美绝伦、桥梁的琳琅满目、洋楼的名人荟萃、工业的兴盛发达、美食的回味无穷、年画的意蕴深厚、方言的风趣幽默、文学的乡愁悠远。英国浪漫主义诗人雪莱说："历史是'时间'写在人类记忆中一首循环的诗。"认真阅读，既可以领略这座城市源远流长、群星璀璨的深层历史况味，又可以与这座城市异彩纷呈的多元文化来一场愉悦的邂逅。

"津渡"，配有一份精致的手绘长卷《海河绘》，以杨柳青木版年画特有的丹青点染，绘就一条贯穿"津城""滨城"的浩荡长河，上至永乐桥上的"天津之眼"，下达恢宏壮观的天津港；细致描摹两岸众多人文景观，组成了令人流连忘返的沽上美景。站在画前端详，可以直观感受到，水扬清波、直奔大海的海河就是整座城市的生命之源。

"津渡"，巾箱本，特别适合边走边读。漫步街巷与河畔，探寻蕴藏其中的城市文化精髓，可以得到一种满足、一种惬意、一种充实、一种厚重、一种遐思。在传统文化与现代精神的互动中，深入认识这座城市的文化创造力和当代价值追求，以及丰厚滋润的精神归宿，用阅读修养身心。

2019年1月，习近平总书记在天津视察时，作出了"要爱惜城市历史文化遗产，在保护中发展，在发展中保护"的重要指示。

"阅读天津"系列口袋书的出版，是传承发展中华优秀传统文化和守护城市文脉的生动体现，也是悠久历史文化与壮阔现实巨变的聚汇融通，更是深入贯彻习近平总书记重要指示精神的切实行动。爱惜和保护，让我们的城市敞开心扉，留住乡愁；创新和发展，让我们的城市充满生机，万象更新。

正是在这个意义上，热切期望"阅读天津"系列口袋书其他各辑，也能早日出版面世！

（主编系著名历史文化学者、天津市社会科学院研究员、天津市文史研究馆馆员）

HOW TO READ TIANJIN

FERRY CROSSING

话说天津桥

说起天津的桥，可谓历史悠久、源远流长，而且其数量也相当可观。那么，天津人为何对桥如此情有独钟呢？因为这座城市曾置身于水网地带。《津门杂记·形胜》中有这样的描述："津地为九河下游，合众流汇归三岔河，皆由直沽入海。"河流环绕、水道纵横、洼淀密布的特殊地貌，催生出天津的桥文化，桥则凝聚了天津人的情怀与乡愁。

天津建桥的历史，始于渡口的设立。据史料记载，天津的渡口至迟在明初就已出现。到清代中叶，天津已成为腹地辽阔的水陆码头，原有的渡口已不能适应"千里帆樯，万家村市"的新局面，于是浮桥应运而生。所谓浮桥，即"以大船连缀成桥，有船经过则开桥渡之，船过则合桥以济行人"，它可称为交通史上的一大突破。浮桥均建在交通流量大、船舶往来多的地区。当时天津建有六座浮桥，即西沽浮桥、钞关浮桥、盐关浮桥、院门口浮桥、窑洼浮桥、老龙头浮桥，"浮梁驰渡"成为这一时期的"天津八景"之一。此外，在一些分支河流上，也出现了固定的简易桥梁，如金钟河上的锦衣卫桥、贾家大桥等，但此时的桥梁建设尚处在萌芽时期。

1860年天津开埠，外国轮船可直达市区，水陆交通空前繁盛，海河及其他几条大河上的浮桥，受水位影响，负荷有限，过于拥堵，极易损坏，于是天津掀起了一股修建钢结构桥梁之风。从1887年落成第一座空腹式钢拱桥，到1888年建造出第一座悬臂式开启铁桥，此后的若干年间，陆续建成了五座各具特色、新颖别致、均可开启的钢结构桥梁，它们是金华桥、金钟桥、金钢桥、金汤桥、万国桥（今解放桥）。其开启方式涵盖了立转式、平转式、平托式等。我国著名桥梁力学专家茅以升曾说："几乎全国（各类型）的开合桥都可以在天津找到。"

20世纪五六十年代，天津市政府为解决市民的出行困难，改善交通环境，在资金有限的情况下，先后建起了京津桥、北洋桥、狮子林桥、大丰桥、勤俭桥、新开河桥、新红桥、红卫桥（今子牙河桥）等。70年代又陆续兴建了北安桥、新狮子林桥、四新桥（今光华桥）等。80年代重点建有赤峰桥、大光明桥、盐坨

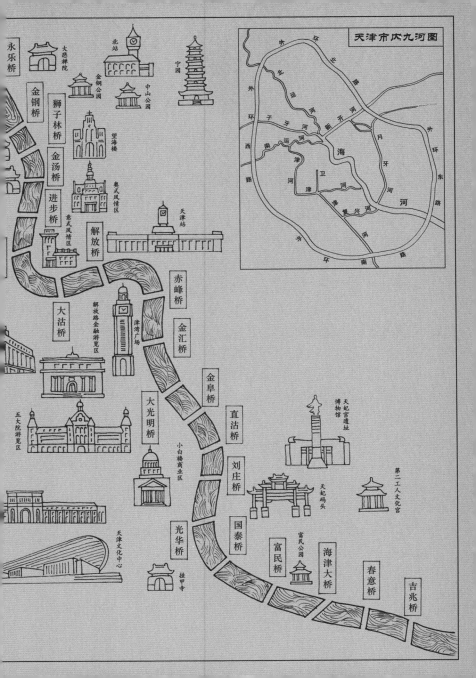

天津市内九河图

永乐桥
金钢桥
大悲禅院
狮子林桥
北站
金钢公园
宁园
中山公园
金汤桥
望海楼
进步桥
奥式风情区
意式风情区
解放桥
天津站
大沽桥
解放路金融游览区
津湾广场
赤峰桥
金汇桥
金阜桥
大光明桥
五大院游览区
直沽桥
刘庄桥
小白楼商业区
天妃宫遗址
博物馆
国泰桥
天妃码头
第二工人文化宫
光华桥
富民公园
挂甲寺
天津文化中心
富民桥
海津大桥
春意桥
吉兆桥

大桥等。这四十年，可称为天津桥梁建设的重要追赶期。

进入21世纪，天津市的桥梁建设实现了高速度、高质量的跨越式发展，新的设计理念及新技术、新材料、新模式的应用，不仅为老桥增寿、为新桥增辉，还创造了无数个"第一"，也为那些有温度的桥梁、有激情的建设者，书写了更丰满、更精彩的故事。仅就海河而言，既有旧桥的改造，如狮子林桥、北安桥、大光明桥、光华桥等；又有文物级别的老桥修复、加固，如金汤桥和解放桥；更有新桥的横空出世，如大沽桥、直沽桥、金阜桥、富民桥、春意桥、吉兆桥等。这些建造于不同时代的桥梁，连接着天津的过去、现在与未来，见证了城市面貌、城市空间、城市价值的变化，堪称一部河上史书。

说到天津的桥，很多人既熟悉又陌生。车水马龙，游人如织，却几乎没有几个人能大致说出，天津到底有多少座桥。假如告诉他，天津现今拥有一百七十余座跨河桥，他定会惊讶、惊喜，进而感叹：真没想到，天津还是个桥的世界！

张建
2022年9月

目录
CONTENTS

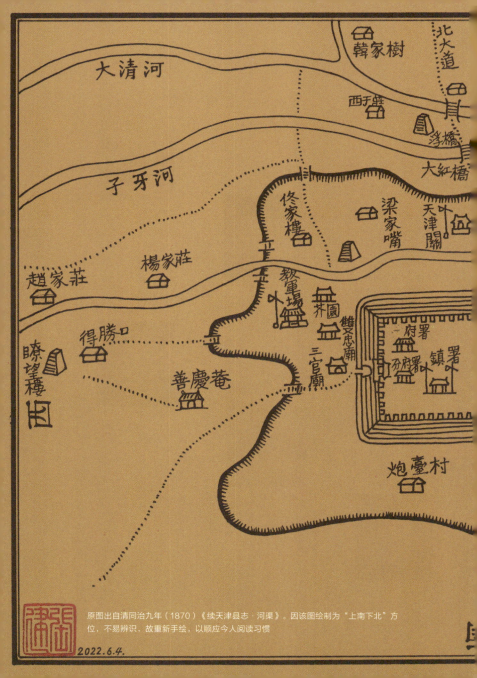

大清河

子牙河

北水道

韓家樹

西于壁

浮橋

大紅橋

天津關

梁家嘴

佟家樓

趙家莊

楊家莊

教軍場

齐園

雙忠廟

三官廟

署府

署府

署鎮

得勝口

瞭望樓

西

善慶菴

炮臺村

原图出自清同治九年（1870）《续天津县志·河渠》。因该图绘制为"上南下北"方位，不易辨识，故重新手绘，以顺应今人阅读习惯

2022.6.4.

大红桥
青青一带锁红桥

大红桥位于红桥区东部、子牙河下游，南衔新河北大街，北接红桥北大街，是通往丁字沽、南仓、白庙及天津西站的重要跨河桥。相传清代时这里曾有一座木制拱桥，清光绪十三年（1887）改建为铁桥，是单孔结构，跨径50米，两岸桥台以条石砌筑，因形似彩虹，人们习称虹桥。另说桥体涂满红漆，得名红桥。

该桥建成伊始便成为津门一景，清代诗人梅宝璐曾写道：
"丁字沽边柳万条，青青一带锁红桥。帆樯纵借东风力，消息
全凭子午潮。"可惜的是，如此精美的一座铁桥，没能躲过
1924年8月1日的特大洪水。当时大红桥被冲毁的消息震动津
城，后来人们在事故分析中认为，大红桥跨径太小，不能适

1887年建造的天津第一座钢结构桥梁大红桥

应泄洪要求，桥台又长期浸泡在潮水中，加上年久失修，疏于管理，势必隐患丛生。然而，这座桥是天津市区通往北乡之咽喉，倒塌造成了交通中断，虽有浮桥勉强维系往来，但还是多有不便。所以在大红桥倒塌近十年后的1933年，开始筹建新桥。新桥的设计、施工由中方工程师李吟秋先生主持，他吸取旧桥倒塌的教训，力主将桥梁长度增加20米。这一设计方案曾遭到海河工程局的反对，但李吟秋先生据理力争，终使原方案得到认可。

1937年，在被冲毁的老红桥西侧，建起了一座新桥，称新红桥，亦称西河桥。新红桥横跨子牙河，为开启式铁桥，全长80.24米，桥宽12.66米，车行道宽5.5米，两侧非机动车道各宽1.58米，人行道各宽1米，载重10吨。全桥由3孔组成，南孔为11米，为人力启闭单叶立转式开启跨，中孔为56.38米，为刚性柔杆性拱，北孔为简支体系的引跨。桥高8米，桥身全部为钢结构。新红桥建成后，带动了这一地区商贸、运输等行业的发展，天津渔业公司大红桥官办店、中利料器公司、津保轮船有限

1937年建造的新红桥

新红桥初建时的开启装置

公司等经济实体，都是在新红桥建成后陆续开办或迁移至此的。

新红桥南岸的水旱码头异常兴盛，每年夏季这里便成为西瓜的集散地，尤以河北省河间县沙河桥镇的"三白"和"疙瘩白"西瓜最为抢手，因而百姓把此码头习称为"瓜行"。新红桥桥北还设有内河局红桥客运站，俗称胜芳码头，它是天津近代内河航运的第一大码头，可以由此乘坐小火轮前往河北省胜芳、史各庄、赵北口，最终抵达保定。种种因素使新红桥声名显赫。1955年，在天津市行政区划调整中，原第八区便以该区最著名的新红桥为地标，定名红桥区，这是天津所有行政区划里，唯一用桥名命名的行政区。

1965年建造的单链悬索式新红桥

20世纪70年代初，为缓解交通压力，大红桥两侧各建了一座钢桁架便桥

遗憾的是，1964年新红桥的开启制动系统失灵，于是拆除了中跨南墩上的开启钢架和60吨重的钢筋混凝土平衡锤。1965年再次加固，打木桩18根，桥面浇筑钢筋混凝土板5.4立方米，从此新红桥再也没有开启过。心细的人可以在这座桥的钢梁上，发现若干处外文标识，有人曾翻译过上面的文字，推测建桥的钢材出自英国多门朗公司。

1965年在被冲毁的老红桥的原址附近，增建了一座跨度为81.5米、总宽度12.3米、高7.4米的单链悬索式钢桥。该桥有两组127根悬索，用旧轨道桁架焊接骨架，两端桥台下面各打18根钢筋混凝土桥桩及9根锚桩，载重量约10吨。1966年1月15日投入使用，因在老红桥旧址重建，被命名为新红桥。而1937年所建的新红桥，改称"大红桥"。

大红桥几经修缮加固，如今还可通行轻型车辆

由于悬索桥承重能力有限，而交通流量过大，1984年又在北运、子牙两河汇流处，建设了一座钢筋混凝土大桥，桥长176.51米，宽30.5米，北岸连接红桥北大街，南岸与河北大街相通，该桥被称为新的"新红桥"。

金华桥
天子津渡飞龙跸

天津河多，水多，因此渡口也多。清初，天津在比较重要的渡口建有六座浮桥。第一座是西沽浮桥，清康熙五十四年（1715）造。第二座是钞关浮桥，又称北大关浮桥、北浮桥。第三座是盐关浮桥，又名孟公桥，俗称东浮桥，雍正八年（1730）由青州运同孟周衍建造。此外还有院门口浮桥、窑洼浮桥、老龙头浮桥。在清代的浮桥

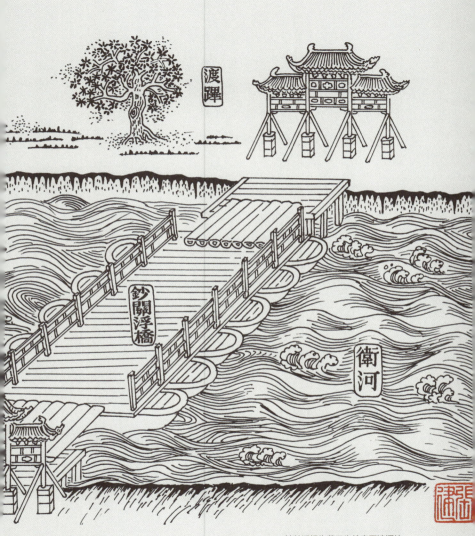

渡躔

钞關浮橋

衛河

钞关浮桥为燕王朱棣南下渡河处

中，北大关至三岔口这段南运河上就有三座，可见南运河当时水陆交通之繁华。但是，浮桥毕竟带有很大的局限性，所以当时的清政府非常热衷于淘汰浮桥改建更为先进的铁桥，进而形成了天津建桥史上的一个高峰期。

光绪十三年（1887），时任直隶总督的李鸿章，为方便天津府城到行署间的来往，准备把大胡同南端的院门口浮桥改为铁桥。铁桥建成后因不

1905年建造的开启式桥梁金华桥

能开启，影响行船，遭到盐道反对，于是便把这座铁桥移建到子牙河上，即后来的老红桥。

光绪十四年（1888），在李鸿章的主持下，钞关浮桥被改建为一座可开启的铁桥。这座桥成为天津第一座悬臂式可开启的西式铁桥，定名金华桥，天津人俗称老铁桥。根据《津门保甲图说》记载，这座桥的上游西南岸，曾有一处名为"金华园"的去处，应该与此桥有关。

光绪三十一年（1905），金华桥进行了重建，重建后的金华桥全长38.46米，总宽13.3米，车道宽10.3米，人行道设在桥梁内侧，左右各1.5米。桥面为木板铺设，最大载重量为10吨。下部结构系石砌桥台，中墩为小型沉箱基础，俗称"铁罐"。中孔为双叶立转下承开启跨，采用人力开启。此前的老铁桥被迁移至金钟河上，更名金钟桥。1918年，三岔河口裁弯取直，金钟河的一段被废弃，于是金钟桥便迁建于三条石以东、刷纸庙附近的南运河上，仍称金钟桥。

1905 年建造的开启式桥梁金华桥

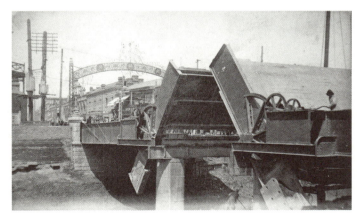

金华桥开启时的情景

1920年前后，南运河裁弯取直，裁掉了南运河侯家后一段大湾，金华桥正处在这段被裁掉的河道内。于是金华桥便从院门口移建于北大关，仍称金华桥。1982年，河北大街拓宽时，把开启式的金华桥改建为钢筋混凝土桥。1994年，在原桥基础上扩宽了桥面。桥的历史，就是天津城市发展的历史；桥的变迁，见证了天津历史的变迁。

近年，多位专家考证认定，金华桥北岸东侧，就是当年燕王朱棣渡河之处。从清代雍正时修订的《长芦盐法志》内页插图上，可看到钞关浮桥（今金华桥）以东，有两座当年所造的牌坊，名为"龙飞""渡跸"。而"龙飞""渡跸"都是皇帝的专用词汇，意为"龙飞九天"及"天子的车马从此渡河"。此外，1960年北大关附近曾出土了一块明代石碑，上面刻着明

宁静悠然的金华桥

朝文人李东阳的《重建三官庙碑记》，有"天津象征天子车马所渡之地"的词句。这也说明，朱棣渡河处就在附近。

2008年，在金华桥与金钟桥之间的堤岸上，兴建了天子

"天子津渡"景观石

天子津渡遗址公园中的朱棣雕像

津渡遗址公园。内有朱棣牵马汉白玉雕像及"天子津渡"景观石，上书"明建文二年，燕王朱棣由此渡河，克南京取皇位，改元永乐，翌年赐名天津，始设卫筑城"。

金钢桥
长桥飞跨若彩虹

　　凡老天津人，只要提起金钢桥就会有一肚子的话要说，他们神采飞扬、绘声绘色地复原着当年的历史，甚至有些演绎的成分在里面，一百个人能讲出一百段故事。为什么？因为老金钢桥不在了，天津人对它的情感只能在故事中抒发。

1903 年建造的第一代金钢桥

海河上游能开启的三座老铁桥，一座是连接旧法租界与旧俄租界的万国桥（今解放桥），一座是贯通旧奥租界与老城厢一带的金汤桥，唯独金钢桥架在当时最繁华的大胡同与河北大经路（今中山路）之间，是一座堂堂正正的"中国桥"。

有关金钢桥的历史是这样记载的：1901年，袁世凯任直隶总督兼北洋通商大臣后，为了提高自己的政治地位和往来京津之便利，率先在种植园（今宁园）南侧修建了新火车站，俗称北站。1903年车站建成后，又修通一条由车站直达总督行署的大马路，名为大经路。为了尽快与海河对岸的老城厢、天后宫、官银号、估衣街等繁华之处相连接，袁世凯下令将原有的窑洼浮桥拆除，改建为双叶承梁式钢架桥。正因为这座桥采用钢结构，故称金钢桥，寓意坚不可摧。该桥长76.2米，宽6.5米，下分3孔，中跨11.6米，桥台用条石砌筑，桥面铺木板，可以开启，成为北洋新政的标志之一。

　　然而，在连续使用了近二十年后，第一代金钢桥破损严重，载重大车不敢经过。无奈之下，1924年在老金钢桥下游18米处，由法国设计师设计、建造了双叶立转式可开启的第二代金钢桥。该桥长85.8米，宽17米，两旁各有2米宽的人行道，桥的上部为上承式钢桁架，桥基采用气压沉箱，墩身及桥台均为钢筋混凝土结构。两边跨为固定桥孔，中跨则为

1924年建造的第二代金钢桥

双叶立转开启孔，开启时用电力操纵，桥梁由中心向上张开，呈八字形，可通过小型货轮。第二代金钢桥的优美外形曾给人们留下难以磨灭的印象。从正面和侧面观赏，它有柔有刚、有虚有实，桥孔有张有翕、有疏有密，视线有起有落、有滞有流，很快成为海河上的重要标志。

1925年12月13日，新桥落成典礼隆重举行，"落魄"的老金钢桥并未拆除，而是充当便桥使用，1927年因待修停用。然而，1942年，侵华日军以"献铁"为名，将老金钢桥的所有钢结构拆除，仅留下四个孤零零的桥墩。抗日战争胜利后，金钢桥东岸的大经路更名为中山路，金钢桥也一度改称中山桥。

1981年，为缓解金钢桥的交通拥堵问题，利用第一代金钢桥的老桥墩，搭建了钢桁架便桥，只可供行人及自行车通过，由此，再现了金钢桥双桥并行的独特景观。

20 世纪 80 年代，为缓解金钢桥的交通压力，在其北侧架起一座钢桁架便桥

优美流畅的桥身，好似一道彩虹飞过

在经历了七十余年的风风雨雨后，金钢桥的桥底钢板严重锈蚀，桥体下降，已成危桥。1996年5月，天津市政府下决心，拆除旧桥并在原址兴建了第三代金钢桥，同年11月20日建成通车。新桥全长634米，主桥为双层三跨连拱桥，下层利用旧桥墩改建为箱梁桥，车行道宽14米，两侧人行道各宽2米。上层采用3孔中承式无推力拱桥结构，全长600米，宽15米，为机动车道。

　　改建后的金钢桥造型新颖、气势恢宏，犹如一道飞跨海河两岸的彩虹，具有与现代化国际大都市风貌相匹配的时代感。特别是新桥在通行能力上有了显著的提高，使之前这一带的交通拥堵问题得到缓解。尽管如此，第二代金钢桥在天津人的心目中，仍有着不可替代的地位，在老桥拆除的那些天，很多市民自发地守候在铁桥边久久不忍离去。如今，在金钢桥北侧的金钢花园内，陈列着老金钢桥的微缩模型。

气势恢宏的第三代金钢桥

金钢桥的灯光映红了悠悠的海河水

金汤桥
战旗永驻会师地

金汤桥原址历史上曾为摆渡口，后发展为浮桥。清雍正八年（1730），时任青州运同的五品官孟周衍到天津上任后，见海河水势汹涌，无论是行人通行还是盐务往来，都必须乘摆渡过河，极不安全，遂决定将自己的薪俸捐出来修建一座浮桥。浮桥由十三条木船连缀而成，桥面铺设活动木板，如遇漕运船只通过，浮桥可将中间几条船移开，初名盐关浮桥，由于该桥离东门较近，也称东浮桥。百姓感念孟周衍的善举，更习惯将这座浮桥称为孟公桥。

光绪三十一年（1905），因铺设从东浮桥至老龙头火车站的电车轨道，便由津海关道和奥租界、意租

1906 年建造的金汤桥

金汤桥开启时的情景

界领事署及比商天津电车电灯股份有限公司合资，将浮桥改建为钢梁铁桥。1906年11月21日，举行了竣工通车典礼。该桥为三跨平转式开启钢结构桥梁，全长76.4米，桥面宽10.5米，其中4米为单轨电车道，建桥耗银约二十万两。该桥由电力启动

见证过硝烟和战火的钢筋铁骨

西洋建筑映衬下的金汤桥

开合，全桥主桁架均为双腹杆类型，上弦呈曲线外形，桥面为纵横梁木桥面板，下部结构为实体桥墩，其造型非常优美。建造者认为该桥坚固无比，固若金汤，故取名金汤桥。

然而，真正使这座桥声名远扬的，还是解放天津战役。当时，人民解放军组成东西两个突击集团对驻守天津的国民党军发起总攻，并于1949年1月15日凌晨，在金汤桥上胜利会师，从此这座桥有了更特殊的意义。

1949年1月14日上午10时，解放军从东、南、西三个方向同时向国民党城防发起猛攻。战斗开始后，解放军第38军、第

39军从和平门、西营门一线突破，由西向东推进。第44军、第45军从民权门、民族门一线突破，由东向西推进。第46军从崔家码头向北推进，宜兴埠也有一个师向南推进。在东、西主力夹击，南、北部队助攻，逐街逐屋争夺，以及金汤桥附近的激战下，最终于15日凌晨5时30分，东西两路大军按计划胜利会师金汤桥。整个战斗仅用了二十九个小时，天津最终顺利获得解放。

解放天津战役的会师桥，成为重要的历史证物，为天津人民所铭记。1984年5月13日，金汤桥畔立起了占地面积约60平方米的解放天津会师纪念碑。1994年6月，金汤桥被列为市级文物保护单位和市级爱国主义教育基地。然而，具有文物和红色纪念地双重价值的金汤桥，经过近百年的岁月峥嵘，桥梁局部构件已严重锈蚀损坏，尽管在1970年已做了加固维修，并废弃了开启设施，但仍难以为继。

在2003年的海河开发改造中，天津市政府决定在保持原貌不变的基础上，对

2003年，近百岁的金汤桥被整体迁移

金汤桥进行整体迁移复建，不仅恢复了其开启功能，还提高了通航标准。获得新生的金汤桥，其功能已经发生了极大的变化。如今，金汤桥两岸均辟有解放天津会师主题公园，园内有表现当年浴血奋战的解放军战士的群雕，还有退役的坦克、火炮等，金汤桥已经成为集观光旅游和纪念瞻仰于一体的步行桥。

复建后的金汤桥

解放桥
百年启合述峥嵘

在天津所有跨河桥里，解放桥的地位和知名度是首屈一指的，尤其经过加固大修并恢复了开启功能后，更成为天津市民乃至中外游客最向往的"网红打卡地"。因为解放桥坐落的位置实在是太妙了，桥东不远处是历史悠久的天津站，桥南连接着曾被誉为"小华尔街"的解放北路。近一个世纪来，无数的陌生人初识天津、迷恋天津、融入天津，恐怕都

"先有老龙头，后有万国桥"，如今它们依然遥遥相望

1927 年建造的第二代万国桥

第二代万国桥开启时的场景

空中鸟瞰解放桥

是从踏上这座神秘之桥开始的吧。

　　略知解放桥历史的人都清楚，解放桥的原名叫万国桥，俗称法国桥，建于1927年。但是，很多人并不了解，在这座万国桥建成之前，其下游几十米处，早有一座平转式可开启的万国桥，百姓管它叫老龙头铁桥，"老龙头"指的是老龙头车站，即后来的天津站。如果再进一步探究，在清咸丰十一年（1861）前后，这里已经架设了横跨海河两岸的浮桥。1886年老龙头火车站建成后，简陋的浮桥很难满足两岸往来的需要。1902年拆除浮桥，并在此动工兴建铁桥，1904年1月9日举行了竣工典礼。随着城市的发展，特别是商业

1904 年建造的第一代万国桥

活动的增加，老万国桥形成了交通上的"肠梗阻"。于是，1923年又筹建新桥。1927年，第二代万国桥（今解放桥）正式建成，并沿用至今。

"万国桥"，顾名思义，也就是"国际桥"的意思。当时天津已有英、法、俄、美、德、日、意、奥、比九国租界，这座桥建成后一边可去往俄、意、奥租界，另一头就是法、英、德租界的主入口。此外，万国桥曾是海河上造价最高的桥梁。修建万国桥时，原定工程费用以100万两白银为限，可是开工后，造价大幅提高，总计支出约190万两白银，差不多翻了一倍。万国桥究竟好在哪里呢？它是一座双叶立转式开启的钢结构大桥，桥长97.64米，桥面总宽19.5米，桥身分为3孔，中孔为开户跨。备有汽油发电机，可自行发电启闭，合则走车，开则过船。"万国桥下过大船"曾为海河上一道特色景观。

恢复开启功能的解放桥，成为市民和游客的打卡地

每一片齿轮都述说着昔日的工业化进程

充满视觉美感和历史厚重感的解放桥

　　说起万国桥，有道不完的故事。1937年7月日本全面开始侵华，天津守军尽管兵力薄弱，仍坚持抵抗，并主动向天津东站等日军控制场所发起进攻。随后，日军的援兵沿海河北岸向万国桥冲来，欲过桥夹击天津守军。就在此时，万国桥中跨之上的桥面，在尖厉的警报声中徐徐开启。法租界的法国军人以保护本国租界为由开启了万国桥，为进攻东站的天津守军争取了时间，日军最终被逐出东站。

冬日里的解放桥

解放战争时期，国民党军在万国桥桥头修筑了坚固的工事并派重兵把守，将万国桥当作北翼守卫城南的最后一道防线。而对于解放军来说，万国桥则是在河西、河东两个战区迂回穿插的唯一通道，是势在必夺的战略要地。1949年1月15日拂晓时分，解放军经过激战，终于冲进市

解放桥依然是天津的地标建筑

区，他们沿海河南岸插到万国桥前，驻守桥头的国民党军仍在负隅顽抗。为减少伤亡、迅速攻下大桥，解放军派出一个排的战士涉水强渡，从桥东实施夹击。双方仅激战了一刻钟左右，解放军就击溃了国民党军，占领了万国桥。从此该桥更名为"解放桥"，是天津解放的见证者！

经过 2007 年大修后的解放桥

解放桥是天津人的骄傲，它所蕴含的红色文化记忆，教育和熏陶了一代又一代的津城百姓，守护好解放桥是我们这座城市义不容辞的责任和使命。2007年1月18日，经过八个多月的封闭施工，八旬高龄的解放桥完全恢复历史原貌，特别是恢复了人们翘首以盼的开启功能，从此为我们的母亲河增添了一道亮丽的景观。

津湾广场与解放桥高度融合

聂公桥
聂公当年激扬处

　　聂公桥是一座规模不大的跨河桥，位于八里台立交桥正南出口前行200米处，南北两岸均与卫津南路相接，东侧与紫金山路和平山道相交叉。聂公桥斜跨于卫津河之上，桥面呈菱形，桥面宽度几乎接近桥身的长

改建为钢筋混凝土结构的聂公桥

度，以至于很多市民在驾车穿过聂公桥时没有任何身处桥上的感觉。其实，聂公桥可不简单，聂公是谁？为何以他命名一座桥呢？

"聂公"是对晚清抗日名将聂士成的尊称。聂士成，字功亭，1836年生于安徽合肥北乡（今长丰县岗集镇聂祠堂）一农家。他幼年丧父，家贫如洗，母子俩靠租种几亩薄田相依为命。聂士成的母亲生性豪爽，以烈女之风闻名乡里，曾救助过一位遭歹徒追杀的夏姓商贩。其后夏姓商贩弃商从戎，力邀聂士成也去当兵。同治元年（1862），聂士成毅然别母离妻，步行赶往临淮关，投奔已当了哨官的夏某，开始了其四十年的戎马生涯。那么，聂士成与天津有什么关联呢？

1900年6月21日，清政府向列强宣战，聂士成奉命在天津迎敌。战前他已意识到形势的险恶，派人将老母亲送回合肥，表达了"士成在一日，天津有一日"的视死如归的决心。他将所部留下五营在芦台驻守，率其余各营上万人开往津门迎敌。

仁立在聂公桥，
扶栏可见"天塔旋云"一景

天津保卫战打响后，聂士成率部从城南迁回小西门，架起大炮狂轰租界和跑马场，迫使联军龟缩在跑马场地道内。7月9日凌晨，英、法、美、日、俄大批援军赶至，战场形势急转直下。黎明时分，聂士成所部被迫退守八里台。这时，面对数倍于己的敌军，聂士成指挥全军将士奋勇鏖战四个小时。在激烈的交火中，聂士成七处负伤，"腹破肠出，犹挥军前进"。随后，他被炮弹碎片击中头部，壮烈殉国。

　　聂士成为国捐躯后，清廷赠太子少保，谥忠节。其牺牲处八里台桥于1905年被命名为聂公桥，人们在桥畔垒砌了一座高2.4米的花岗岩碑亭，碑心镌刻着"聂忠节公殉难处"几个苍劲的大字，两边有联语："勇烈贯长虹，想当年马革裹尸，一片丹心化作怒涛飞海上；精诚留碧血，看此地虫沙历劫，三军白骨悲歌乐府战城南。"

2000年，在爱国将领聂士成为国捐躯一百周年之际，天津市政府在聂公桥头重修了纪念碑，碑顶塑有聂士成骑马挥刀铜像，以示缅怀。碑上镌刻："将军驱骑刀光寒，一跃桥头此生瞻。聂公当年激扬处，多少青松配雨寒。"

1905年立于八里台聂公桥口的"聂忠节公殉难处"碑亭，现已无存

纪念碑顶上的聂士成骑马挥刀铜像

耳闸桥
防患造福今犹在

耳闸，既是闸也是桥。它位于河北区西部、子牙河下游东岸、新开河口，为海河上游诸水分洪和通航的水工建筑物。

说起耳闸，必然要了解耳闸的来历。简言之，它与开挖新开河有着密切的关系。新开河即"新开凿的河流"之意，始凿于清光绪七年（1881），由河北区堤头大街西南侧，蜿蜒向东北至东丽区南孙庄与金钟河汇流，全长13.2千米，河底宽40—60米，河道泄洪能力为每秒200立方米，源头建有滚闸一座，即为最初的水利枢纽。

1921 年竣工的耳闸水利工程

　　1919年，经由海河工程局意大利籍工程师平爵内设计，重修此闸，1921年竣工。据传，因闸址处于河岸，如人之耳，故名耳闸。重修后的耳闸，包括节制闸和船闸两部分。节制闸宽79.35米，共有闸门14孔，闸门宽3米，高3.36米，闸底高程为1.8米，两端各有溢洪道2孔，每孔宽5米。闸面为闸口桥，两侧分设上下人行道，各宽1.7米，由水泥板铺就。闸上部为叠梁闸板钢筋混凝土结构，下部为条石砌基，其状如塔，坚不可摧。初建时闸门起落由人工操纵，1949年后改为电力升降。船闸位于节制闸南侧，中间有闸门1孔，宽5米，高3.36米，闸室两侧系红砖砌筑，宛如一座小型水库。

阻挡过多次洪水的条石防护墙

百年前用红砖垒砌的闸门、蓄水池

新开河自开挖起，便成为北运、子牙、永定诸河的泄洪道。1963年9月，洪水威逼天津，新开河最高水位已达6.39米，流量达每秒381立方米，危急时刻，耳闸及时泄洪，为防止天津遭受水患起了一定作用。但是由于老耳闸的功能逐渐退化，抗洪能力降低，随后在其下游60米处建设了新闸。1972年，将耳闸原来的立轴旋转闸门改为直立平板钢闸门，1989年，又对节制闸翼墙进行加固，但船闸护坡脱空，闸基下沉尤为严重。于是2002年，耳闸被拆除闸门与控制室，仅保留了闸桥，现仍可使用。

　　天津百姓对耳闸似乎不甚关心，对耳闸桥却念念不忘。别看这座毫不起眼的小桥，当年它可是连接河北区辛庄、堤头及东西窑洼一带的重要通道。辛庄、堤头的地理位置非常特别，三面环水，形似半岛，尤其是堤头，在历史上有着兴盛的制炭业和运输业，鼎盛时有杂

耳闸桥的老桥墩依然坚如磐石

粮码头、面粉厂及大小炭厂十余家，在这里居住或来此谋生的市民，进出堤头唯有过耳闸桥最为便捷。特别是1920年，耳闸南侧建起了天津第一家纺织企业——恒源纱厂后，耳闸桥的作用越发凸显，每天都有大批工人经过耳闸桥上下班，因此民间流传着一句顺口溜：堤头看窑洼——一群"小棉花"（指衣服上挂满棉绒的纺织女工）；窑洼看堤头——一群"小黑猴"（指炭厂的工人）。如今，堤头、窑洼经过大规模的棚户区改造，早已是一番新景象了。

古拙沧桑的耳闸桥及残存的条石地面，给周边地区赋予了更深邃的历史内涵。耳闸不远处便是北开渡口遗址，这个渡口始建于清乾隆年间，当时称小渡口。清同治四年（1865），因海张五在此地修筑炮台，改称炮台渡口，又因其临近耳闸，也被称作耳闸渡口。虽然1984年改为浮桥，人们还是习惯称其为"渡口"。2011年11月废除浮桥，在此建造了一艘由汉白玉石材精雕细琢而成、仿明代船舰制式的"天石舫"，成为市民和游客回顾历史、品味文化、修身养性的好去处。

在子牙河对岸可欣赏今日的耳闸全貌

北安桥
中西合璧相辉映

　　北安桥是连接河北区与和平区的重要桥梁之一，这座桥的历史可追溯到1939年。侵华日军占领天津期间，在此修建了一座横跨海河的木结构桥梁，名新桥，习称日本桥。1946年，国民政府将日本桥拆除重建，取名胜利桥。由于木结构桥梁承载能力有限，加上年久失修、交通拥堵，1973年在胜

2004 年经过抬升、加宽和全新改造后的北安桥

1939 年建造的木结构桥梁

65

1973 年修建的钢筋混凝土跨河桥北安桥

利桥上游，修建了一座钢筋混凝土结构的新式桥梁。桥长97.6米，宽24.6米，桥面中心高7.6米，拱形3孔，下部为钢筋混凝土灌注桩，桥面中间车道宽18米，沥青铺面，两侧人行道各宽3米，水泥花砖铺砌。最有特点的是，该桥栏间或镶嵌着铸铁浮雕钢包和麦穗，象征工业和农业。新桥建成后定名北安桥。

北安桥精美的桥头堡

　　2004年，按照海河综合开发改造规划和通航要求，对北安桥实施了扩建和抬升工程。改造后的北安桥抬升1.5米，两侧各加宽9米，其中6米用于非机动车行驶，3米为人行道。值得一提的是，这座桥的景观设计非常有特色，它将东西方文化巧妙地融合在一起，堪称最能体现中西合璧风格的桥梁。据了解，当年专家在充分考虑海河两岸深厚历史文化背景的同时，结合原有桥梁的结构特点，大胆借鉴了法国巴黎亚历山大三世桥的整体造型，而其艺术内涵和装饰内容均采用中国传统形式。其中包括寓意东、西、南、北四方平安的青龙、白虎、朱雀、玄武四大桥头雕像，青铜压纹的盘龙桥墩雕像，以及桥栏柱基上舞

游船缓缓驶过北安桥

车水马龙的北安桥

姿各异的四尊乐女雕像。那四座铜制乐女雕像分别高2.8米，手中各抱着四种不同的乐器：阮、排箫、琵琶、笙，力求突出中国古典韵味。两条盘龙雕塑采用了中西合璧的风格，龙头、龙身、龙爪均为金色，它们分别盘踞在海河上下游的桥两侧，仿佛从水中升腾而出。两侧人行道均为花岗岩铺装，乳白色宝瓶栏杆描金点缀，并立有二十八盏具有欧洲古典风格的雕塑灯，仍取自法国巴黎亚历山大三世桥的式样。雕塑灯分为大小两种：大的高3.38米，上面装饰有三个手持海带、脚踩鱼贝的男孩；小的高1.9米，均为青铜铸造，外表呈深咖啡色。

改建和装饰后的北安桥，成为海河上一道亮丽的风景。身着婚纱、礼服的新人们最钟爱这里，每当天气晴好时，总能看到成双成对的准新郎、准新娘相互依偎的身影。

在高楼大厦的映衬下，北安桥更加风姿绰约

狮子林桥
凭栏尽现狻猊舞

　　狮子林桥位于南开区、红桥区与河北区三区交界处的海河之上。1918年三岔口裁弯取直后，这里才具备了建桥的可能。1954年，在摆渡口附近终于建成第一代狮子林桥，全桥长90米，宽13米，载重8吨。二十年后，原有木桥远不能适

1954年建造的第一代狮子林桥

应天津的经济建设需要，1974年在老狮子林
桥北侧约10米处，建起一座新桥。新桥长93
米，宽24.6米，主桥共分三跨，是我国公路
桥梁建设史上最早采用预应力混凝土悬臂技
术的桥梁。1994年为缓解交通压力，在第二代
狮子林桥的两侧各增修一座"解压桥"，桥
面宽9.3米，加上原桥的宽度，改造后的桥面
总宽度达到43米，一时成为天津最宽阔的桥
梁。1986年，利用第一代狮子林桥的报废桥
墩，安装了"哪吒闹海""二龙戏珠"等大型
主题雕塑及彩色喷泉。每当夜幕降临，七条喷
水巨龙在斑斓迷幻的灯光照射下，喷出几十米

远的水柱，一时吸引大批市民前来观赏，如今成为很多人难以忘怀的记忆。

2003年8月，在海河综合开发改造中，因狮子林桥净空不能满足通航的需要，经反复论证决定对该桥实施整体抬升，在不到一个月时间里，施工人员将历经三十年风雨的老桥抬升了1.27米，成

"哪吒闹海"大型主题雕塑与桥畔的望海楼教堂

望海楼教堂前的狮子林桥

数不清的狮子见证着城市的发展

为国内首次把顶升平移技术成功应用于桥梁改造的范例，实现了国内桥梁改造技术的一大突破。

狮子林桥在造型设计上，充分挖掘"狮子林"的文化内涵，使其形象且

满眼的铜狮子，仿佛步入了"狮子林"

直观地反映在桥体的各个部位。天津有一百七十余座跨河桥，由两对巨大的汉白玉狮子镇桥的狮子林桥也算独占鳌头。更令人惊叹的是，其桥栏、桥身、桥墩均以不同的艺术形式，镶嵌、雕塑着姿态各异的中国传统狮子造型，生机勃勃，让人回味无穷。尤其桥栏柱头上的铜狮子动感十足、

狮子林桥东岸的棚户区早已不见，鳞次栉比的大厦拔地而起

小巧玲珑，很是惹人喜爱。笔者曾精心统计过，单说两侧桥栏，其栏柱就塑有全立体铜狮61尊，栏板内外累计装有大小铜狮浮雕688处。此外，狮子林桥首次采用彩色沥青铺面，在灯光处理方面更是别具一格。为不影响其整体景观，原与狮子林桥并排的跨河煤气管道也改为由河底穿过。

另外，狮子林桥之所以引人注目，还因为桥东那座著名的望海楼教堂。这座始建于清同治八年（1869）的天主教堂，是中国近代史上"天津教案"的发生地。如今，望海楼教堂与狮子林桥交相辉映，见证着这座城市的过往岁月。

昔日的摆渡口早已成为历史

刘庄桥
扶携相助度长桥

　　"刘庄浮桥"这四个字，深深根植于老一辈天津人的心中，即便浮桥已消失了几十年，可他们依然不愿改口，因为这座浮桥承载了太多的故事，又带走了太多的记忆。

　　那时刘庄浮桥所连接的海河东西两岸，聚集了若干国营

20 世纪 80 年代的刘庄浮桥

大中型企业，比如棉纺一厂、棉纺二厂、人民印刷厂、天津自行车厂、食品公司加工厂，等等。每天都有成千上万的工人要跨河通勤，于是刘庄浮桥便成了名副其实的工人桥，成了家喻户晓的民生桥。

刘庄浮桥的前身是刘庄渡口。德租界在天津设立以后，将这一带的海河沿岸开辟为德士古油库，于是搭建了临时浮桥，号称油库浮桥。新中国成立后，由于过河人数的剧增，1957年在此建成开启式木结构浮桥，由八只木船组编而成，连通河东、河西两区，俗称刘庄浮桥。初建的浮桥完全是木结构，桩是木桩，船是木船，船上是木质支架，支架上的桥面由厚木板铺成。桥面开启处靠几条拖船拖动，每天中午11点30分开，下午2点30分关。最初浮桥的开合全由人工操作，两岸各有一条固定的木船，木船上均安装一台铰关，每台铰关上有四根木杠，穿插于轴盘，开启时人工推动铰杠，像推磨一样带动轴盘上的钢缆把河心的浮船慢慢分离，让出水道。

刘庄浮桥历经改造。第一次是在1959年，把原有的固定木船即引桥的基础改为钢筋混凝土桩墩，其余仍保留木结构。这次改造将过去的人工牵引，变为由两部5吨慢速卷扬机拖动，开桥时五只浮船整体顺流向南退下，然后解为两组，分别停靠在海河两岸，让出水道，以便大型船只驶过。闭桥期间小型船只可以在引桥下正常通过。改造后，刘庄浮桥的开启时间也做了相应调整，夜间开启改为23点30分至凌晨5点，总计陆用关桥时长为十四小时，水道通航时长为九小时，两次开启时间各为半小时。这次改造后，浮桥延续使用了十六年。

1975年，再次对刘庄浮桥进行提升加固，将木结构部分改建为钢结构或钢筋混凝土结构，可开启的浮桥部分，改由六只钢丝网水泥船组成。该桥全长124米，桥宽17米，漂浮部分长76米，开启方式改为环绕固定轴向一侧旋开，水道孔径开启后为66米。此后，浮桥又经过了十六年的沧桑岁月。

由于海河进入枯水期后水位过低，刘庄

浮桥桥面吻合不齐，夏季洪泛期到来时河水暴涨，又容易引起桥身超高，车辆通行受阻，严重影响过河市民的人身安全。因此，1991年将此桥改造为固定式斜拉索、独塔式预制水泥板面叠合梁结构斜拉桥。新建成的刘庄桥是天津市区的第一座斜拉桥（独塔式），它西接河西区琼州道，东连河东区大直沽中路，1992年5月建成通车。由于长期重车荷载引起振动及风吹日晒等诸多因素，该桥损坏严重。2004年9月对刘庄桥实施大修，主要对栏杆及大小灯杆进行除锈，补修板梁接缝，墩体涂刷防水材料，改造泄水孔等。2015

静默的刘庄桥

年，再次对刘庄桥进行彻底维修，其标志性主塔维持原貌，两侧的斜拉索和主梁进行更换。改造后的刘庄桥整体提升1.2米，桥面宽15米，达到六级通航标准。此外，由于近年来刘庄桥的上下游新建了好几座跨河桥，于是"康复"后的刘庄桥便改成了步行桥。

刘庄桥于 2015 年大修后改为步行桥

改建后的刘庄桥是天津市第一座斜拉桥

赤峰桥
海河之舟立潮头

2008 年建成通车的赤峰桥

　　赤峰桥位于津湾广场东南侧，西岸横跨张自忠路，顺接和平区赤峰道，东岸横跨海河东路与河东区李公楼立交桥、华昌道相接，是由中心商务区通往东南部地区的重要枢纽。2007年，赤峰桥改造工程总投资6.06亿元，是当时海河桥梁建设投资规模最大的一座。该桥的设计采用国际现代设计理念，技术独特，个性鲜明，工艺新颖，被称为"海河之舟""天津之舟"。

正在建设中的赤峰桥

　　历史上，赤峰桥所在的位置本没有桥，其下游约500米处曾有一处摆渡，俗称大同道渡口。1973年此处又架起了一座铁索桥，老百姓称为战备桥。1981年，在铁索桥与昔日的摆渡口之间，修建了钢筋混凝土结构桥，取名赤峰桥。经过二十多年超负荷的使用，老赤峰桥已无力承担日益增长的交通压力。2007年3月10日，对赤峰桥进行了大规模的施工改造，2008年建成通车。

　　赤峰桥是我国唯——座斜塔双索面斜拉桥，主桥横跨130多米，引桥为互通式立交桥。桥上主塔高64.92米，倾斜达63

1981年建造的赤峰桥

主塔下部为巨轮造型，其外檐为彩色玻璃饰面

度。主跨布置五对桥面拉索，拉索间距为
23米。为平衡主跨水平力，边跨布置四对
桥面拉索，主塔布置四根后背索，使斜
塔、弯梁和拉索形成一个稳定的空间结
构。该桥在设计构思上进行了大胆的尝
试，在主塔顶部，特别布置了一个外径20

赤峰桥的提升改造，大大缓解了交通压力

米、高5米，重达100吨的飞碟形钢结构观光建筑物，将服务功能与建筑美学融于结构的整体性之中。同时为使主塔下的船形建筑与塔顶的观光层相连接，在主塔背面还安装了一台限载六人的斜行电梯。

远远望去，赤峰桥宛如一艘远航的巨轮，乘风破浪……

壮观的放射状斜拉索

被誉为"海河之舟"的赤峰桥

大光明桥
星辰日月守水梁

清光绪末年，在今大光明桥下游40米处，曾设有摆渡口，后俄租界在此搭建了临时浮桥，故称俄国桥渡口，日军侵占天津后停渡。1945年日本投降后复渡，改称建国花园渡口，1949年更名大光明渡口。当年的大光明渡口，是天津最大的一处渡口，日渡客量达到一万多人次。1954年，大光明渡口首先使用轮渡，到1959年轮渡增至九艘，稍微缓解了高峰时段的拥堵现象。1983年，在老渡口附近建起了一座现代化的钢筋混凝土跨河桥，建成后被命名为大光明桥。

清朝末年的俄国浮桥，图右上方的建筑为俄国领事馆

2007 年，抬升改造中的大光明桥

焕然一新的大光明桥

利用桥墩营造出的观景台

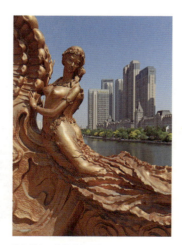

簇拥着向日葵的仙女雕塑

大光明桥全长440米，正桥为预应力混凝土悬臂箱梁3孔，长113.3米，宽35.5米。东引桥与正桥联结处两侧，原耸立着箭形叶片灯塔，纤秀挺拔，引人注目。西引桥是一组多功能立交体，顺河岸南北方向有141米匝道桥，宽6米。顺引桥向西，跨台儿庄路，呈3孔立交式，中孔宽9米，两侧孔各宽6.5米。引桥南侧的大光明电影院，始建于1928年，现影院门前留有6米宽的人行过桥地道，整个大桥构成一个四通八达的立体交通组合体系。

由于该桥连接河东区十一经路与和平区曲阜道，是和平、河东两区重要的跨河通道，也是内环线的组成部分，又因其比邻小白楼商业区和五大道历史文化街区，大光明桥建成后始终承受着巨大的交通压力。

2007年10月，对大光明桥进行了提升改造，经过七个多月的紧张施工，2008年5月完成改造，顺利通车。改造后的大光明桥，桥面加宽至37.8米，其中车行道34米，外侧栏杆各0.4米，两侧人行道各1.5米。引桥与海河东路、海河西路形成分离式立体交叉，两条路下穿此桥，大大提高了通行能力。焕然一新的大光明桥，在景观创意上完美体现出西洋古典风格，尤其突出挖掘"光明"的深层含义。桥头堡高耸的四座雕塑，充分展现了力量与阳刚之美，并以日、月、星、辰为主题，融入了中国传统神话之元素，通过从光明到黑暗再到光明的自然过渡，强化光明、高尚、公平的寓意。比如，雕塑"日"象征生命不息、如日中天；"月"展示和和美美，花好月圆；"星"寓意正直善良、团结协作；"辰"代表平等互爱，理想信念。

大光明桥的外观总基调偏向亚金色，桥栏的立柱及栏板均镶有向日葵浮雕，主跨桥墩上部开辟了弧形观景台，两对婀娜多姿的仙女簇拥着巨大的向日葵与彩绸造型，桥墩底部在金色罗马柱支撑下，分别塑有散花的仙女及奔腾的骏马雕像。富丽堂皇的气息，配上两岸高耸挺拔、充满时代感的建筑群，尽显其庄重典雅、雍容华贵的气质。

桥头的精美雕刻熠熠生辉

大光明桥与海河东岸高耸挺拔的建筑群

大沽桥
双拱印日托明月

很多人并不知道，连接本市河北区五经路与和平区大沽北路的跨河桥——大沽桥，是由世界著名桥梁设计师邓文中院士设计的。该桥全长243米，宽32米，其构思为"日月生辉"，故又被称为日月拱桥。它的经典之处就在于桥上的两个不对称的拱圈，大拱圈弧长140米，高39米，向东倾斜18度，象征太阳；小拱圈弧长116米，高19米，向西倾斜22度，象征月亮。它们共由88根吊杆系于桥的两侧，与桥外伸出的半圆形观景平台相对。据介绍，拱圈上的88根吊杆还将承载106米主跨桥面的所有重量，这个独特的设计把普通桥梁水面桥

大沽桥与"津门"建筑群构成曲直相交的画面

这种不对称外飘式联合梁系杆拱桥为世界所独有

墩的支撑力变为吊杆的拉力，省去了河中的桥墩，真正实现了"横跨"海河的壮丽景观。这种设计全称为"不对称外飘式联合梁系杆拱桥"，至今在世界上也是独一无二的。

　　大沽桥于2003年7月6日正式开建，2004年10月主体完工，2005年11月通车，它是当时海河首批新建的五座桥梁中最先投入使用的一座。2006年，在美国宾夕法尼亚州匹兹堡召开的国际桥梁大会上传来佳音，中国天津的大沽桥荣获该年度尤金·菲戈奖。这个奖项是以已故美国著名桥梁设计师尤金·菲戈的名字命名的，由国际桥梁大会创立，每年全球只有一座桥梁获此殊荣。如今登临此桥，往东看，历史悠久的解放桥与津湾广场浑然一体；往西看，以"津门"为主题的大型建筑群尽收眼底，尤其是大沽路桥口边矗立的336.9米的津塔，好似定海神针般使天地相接。

每当夜幕降临，桥拱的两条弧线泛着艳丽的红光跨过海河，美不胜收。据悉大沽桥的整体照明仅需35.6千瓦,成为集节能、环保、人文及艺术于一身的杰作。

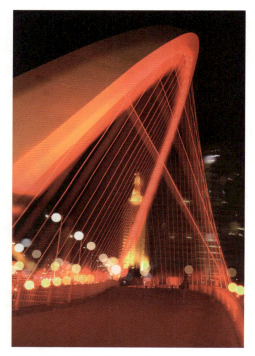

吊杆与圆拱构成巨型的"竖琴"，仿佛奏响无声的韵律

　　大沽桥建设之前，在其上游不远处，曾有一座建于1982年的广场桥。从20世纪50年代末开始，这座桥侧的观礼台及广场便是本市举行盛大联欢活动及各种大型集会的主会场，老百姓将这里亲切地称

为"广场"或"中心广场"。每逢重大活动，都会有成千上万来自各行各业的市民聚集于此。1971年，为保证集会人员的疏散安全，在昔日的马家渡口原址附近，架起了一座铁索桥，由于该桥坡度大、摇摆严重、容易发生事故，后改建为钢桁架结构简易桥。1982年正式建成钢混固定桥梁，命名为广场桥。其桥长102.9米，宽15.6米，两侧人行道各宽2.5米，护栏为水刷石立柱。它还见证了新中国成立35周年庆典的盛况。2007年，服役二十五年的广场桥被大沽桥所取代。

2005 年建成的大沽桥，其灵感来自"日月生辉"

金汇桥
直挂云帆济沧海

金汇桥主塔封顶时的情景

金汇桥于海河西岸横跨台儿庄路下沉地道，在解放北路落地，连接和平区保定道。桥梁主跨长120米，连同桥两侧道路，全长570米。全桥最引人注目的就是西岸桥头的"风帆"形主塔，寓意国际港口大都市——天津乘风破浪、日益繁荣。主塔高50米，向西倾斜75度，塔形简约、线条流畅。该桥在河内不设桥墩，而是靠斜拉索的拉力"拽起"桥面。这些斜拉索自主塔顶斜下，采用疏索形式倾斜至桥面中央。

主跨桥面连接6根斜索，索距15米，全桥面积11600平方米，其中桥梁面积6778平方米，道路面积4822平方米。

金汇桥是在全面实施海河两岸综合开发建设中，首批同步建设的五座现代化桥梁之一。2003年7月6日正式开建，2006年9月25日建成通车。这座桥在立项时定名保定桥，建成后

2006 年建成通车的金汇桥

更名为金汇桥，而天津百姓还是习惯称呼其保定桥。如今，这座桥已成为海河不可多得的景致之一，高擎的"风帆"在一组棕红色欧式建筑的映衬下，动感十足，充满活力。

金汇桥西岸是旧英租界一带，紧邻太古洋行旧址，附近还坐落着原利华大楼、金城银行、怡和洋行、新泰兴洋行、麦加利银行、中南银行、花旗银行等诸多历史风貌建筑。在金汇桥兴建之前，与之相连的保定道东端止于大沽北路，并不能直达海河岸边，作为解放北路的封闭路段，两侧多有原英租界留存的旧式房屋，金汇桥所占位置原建筑曾由伊文思图书公司、利亚药店和惠罗公司共同使用。惠罗公司在一楼大厅经营英式高档生活用品，末代皇帝溥仪曾是这家公司的常客。

▶

"风帆"造型的桥梁主塔

风正一帆悬

永乐桥
天津之眼极目眺

通行在永乐桥上，可以近距离观摩大转轮

　　2008年7月建成的永乐桥已成为当今三岔河口的重要地标。站在金钢桥上凭栏远眺，这座世上独一无二的"轮桥合一"的"天津之眼"，令人心中生发无限感慨，这真叫美轮美奂啊！当红霞满天和夜幕降临的时候，数不清的摄影发烧友支着三脚架，纷纷把镜头聚焦在带着缤纷彩光、缓慢旋转的大转轮上。据说，永乐桥的上镜率排在海河上所有桥梁之首。

　　永乐桥初建时名为慈海桥，为纪念明成祖筑城设天津卫，遂取其年号"永乐"为名。永乐桥横跨子牙河，连接河

119

北区五马路和红桥区三条石大街，与具有彩虹桥之称的金钢桥相距约700米。该桥全长330米，跨度100米。设计者别出心裁地将跨河桥、摩天轮及商业设施融为一体，从而实现了多功能的组合。永乐桥分为两层，上层为机动车专用道路，双向六车道，中央跨度为30米，向两端逐渐变窄，最后与25米宽的道路平滑相接。下层为人行桥，利用三条直线通道将桥面整体分为六个明确的区域，从北侧开始依次为亲水散步区、店铺区、主路、观览车出入口、观光餐厅区、观光亲水区。这种

2008年建成通车的永乐桥

直径 110 米的摩天轮气势恢宏

设计，既为机动车创造了良好的通行条件，也为行人营造了舒适的通行环境。当然这座桥的最佳创意，莫过于高耸入云的摩天轮，这个被称为"天津之眼"的巨轮，直径达110米，高度相当于35层楼，它外设64个360度透明的悬挂式座舱，每个座舱可容纳6至8人，可同时满足512人观光。巨大的摩天轮旋转一周需用时半个小时，到达最高处时，可以俯瞰方圆40千米内的市容景观。

也许很多人并不知道，永乐桥的多个独到设计，要么世界第一，要么世界首创。在大桥的建造过程中，斜拉索桥与摩天轮的衔接是工程的关键环节，即在结构上两者都需要高空承担荷载的"点"。永乐桥的设计者利用奇思妙想，将两个受力点通过一个合理的结构体系来完成，使其做到上托轮、下拉桥。两项建筑只花了一笔费用，既美观又经济，不愧是桥梁建筑史上的一个创举。永乐桥是由著名的日本川

暮色中的永乐桥

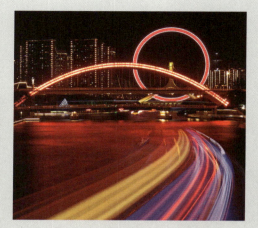

永乐桥与金钢桥共同构成一幅"日月同辉"的绝美画作

口卫设计事务所设计，是日本著名建筑师川口卫先生继天津自然博物馆、银河公园之后，在天津的又一力作。

有人说，永乐桥是爱情桥，经常有情侣乘坐摩天轮，在湛蓝的高空中、在象征圆满的人生旅途中，许下诺言，上演一幕幕动人的海河情话。

64 个座舱随着大转轮启动，让人们感受着梦幻般的升降

进步桥
鸢飞鱼跃似梭镖

进步桥西起南开区通南路，东接河北区进步道，为机动车专用桥，双向四车道，同时在车行道两侧规划了人行桥，满足行人过河及观光的需求。进步桥的建成，把海河西岸的和平路商业区、东马路及古文化街旅游观光区，与海河东岸的奥式风情区、意式风情区连接起来，构成了一个丰富多彩、集参观游览与休闲娱乐为一体的综合性城市空间。

进步桥由荷兰德和威咨询有限公司设计完成，是集桥梁、道路、排水及绿化景观为一体的天津市政建设的重点工程，总投资

建设中的进步桥

夕阳中的进步桥，刻满迷人的诗意

众多的几何线条，组合出千变万化的透视效果

1.3亿。该桥的主要特点是采用了自锚式桁吊组合钢结构桥，它共有33节钢箱梁，总长度180米，桥梁面积4985.2平方米，工程全长508米，由主桥、坡道桥和梯道桥三大部分组成。其中主桥为自锚式桁吊组合钢结构，双向四车道，桥宽35米，车行道宽25米，在车行道两侧还规划了人行道，两侧各宽5

进步桥别具一格的桥梁设计构图

桥东北一侧鳞次栉比的现代建筑

米。2006年4月开工建设，2007年10月建成通车。纯白色的桥体横跨在碧波荡漾的河面上，显得通明透亮、别具一格。尤其在桥东北侧，鳞次栉比的西洋建筑及红色穹顶映衬下，更彰显出其简约、沉稳的气质。

进步桥的灯光照明也很有特点，坚持"见光不见灯"的设计理念，线条看上去无比流畅，既像一条跃出水面的飞鱼，又像一列飞驰而过的"子弹头"列车，与上游纯黑色的金汤桥形成鲜明的对比。

纯白色的进步桥横跨在碧波荡漾的河面上

直沽桥
落花一片天上来

直沽桥优雅的拱形

直沽桥建成于2006年，原名奉化桥，是天津市首座中承式全钢结构拱桥，由法国马克·曼朗设计所和天津城建设计院联合设计。直沽桥位于刘庄桥上游，是中心城区快速路工程的一部分，连接河东区大直沽西路和河西区奉化道。该桥全长257.3米，桥梁最大宽度58.5米，桥面设计为双向六车道，两边是人行桥和景观道，向下延续至两岸的亲水平台。

全桥有27道飞跨拱、68片钢结构"花瓣"和296根吊杆，再加上钢桥面，总共使用约7500吨钢材，是本市用钢量最大的跨河大桥。全桥27道拱，每三道形成一组跨，夹在三道拱之间的就是花瓣状的钢结构，分布在桥体上的68片"花瓣"，每片"花瓣"由两个钢制"三角形"组成，其大小不同的规格就有36种之多，最大的边长7米，重量近3吨，最小的3米，重不到1吨，这些看上去轻盈灵巧的"花瓣"要用280余吨的钢材制成。

直沽桥两跨分别跨越河坝路及台儿庄南路。桥梁主体上下游的人行桥及景观步道很有特点，上游设置人行桥，重点保障两岸人行交通的顺畅，下游设置景观步道，主要满足两岸亲水空间的沟通。主跨和副跨的中间拱，位于两侧行车道之间，主跨与副跨的侧拱，位于行车道与景观步道和人行道之间。

由于设计独特且技术含量高，直沽桥的施工难度也堪称"第一"。为了保证桥梁的景观效果，直沽桥从拼装到焊接，每一步都严格按照坐标点上的数据来操作，任何一点误差都可能影响整体效果。为了保证桥梁的安全，在钢结构的制造和连接点的处理上，也都经过层层把关，并且在拼装和焊接的同时，使用多项特殊工艺，使桥梁结构更加坚固。

2006年建成后的直沽桥，通行速度已经达到每小时60千米，行进在这座桥上，犹如跨越时空，穿梭于一架史前恐龙的巨型骨架之下。

夜幕中色彩斑斓的直沽桥

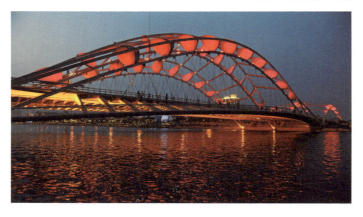

结构复杂的直沽桥像一架史前恐龙的巨型骨架

国泰桥
钢打铁铸展雄风

2012 年建成的国泰桥

　　远望国泰桥，你是否感到似曾相识？原来国泰桥的外形及建筑布局吸取了世界名桥——澳大利亚悉尼港湾大桥的风格，也可以说它是悉尼大桥的缩小版。国泰桥位于光华桥下游600米处，跨越海河东西两岸，西岸连接河西区的小围堤道，横跨台儿庄南路和民安路，东岸连接河东区国泰道。

国泰桥为钢桁架拱桥，全长396米，主跨172米，桥宽31.5米，拱宽为24.5米，上弦拱距离桥面26米，下弦拱距桥面22米，为机动车双向六车道，两边是人行道。河东一侧引桥分为机动车引桥和非机动车引桥；河西引桥段未设人行道，过河行人需通过设在国泰道和小围堤道上的过街天桥，分别穿过民安路、台儿庄南路后至主桥人行道。该桥主桥上部钢拱结构如

巍峨壮观的国泰桥

典型的钢桁架拱桥

主桥部繁复的钢拱结构

一道美丽的彩虹，钢索直拉桥身，全桥共计30根吊杆钢丝索，整体风格简洁大气。桥两端均设有观光台，游人可搭乘桥梁两侧的电梯到达"彩虹"之上，一览周边美景。国泰桥于2007年7月开工建设，2012年5月该桥及六纬路延长线正式通车。国泰桥通车后，可分流光华桥将近30%的交通流量，同时还可缓解直沽桥、金阜桥等部分跨河桥的交通压力。

国泰桥之所以壮观，一是此处的海河水面比较宽，所以建桥的跨度自然比其他桥梁要大许多；二是桥梁选材和设计偏于厚重。国泰桥外观雄伟壮观，跨越能力大，承载能力强，繁复的拱形钢梁使整座桥梁更加立体化，从而加大了该桥的体量，其古朴幽深的意境可与解放桥媲美。

海河上的国泰桥宛如一架钢铁彩虹

春意桥
桥边春意日日近

春意桥是一座跨河桥，地处快速路海津大桥与雪莲南路的吉兆桥之间，距上游海津大桥1.3千米，距下游吉兆桥1.7千米，主线修筑起点为龙宇路与海河东路相交路口，修筑终点为鄱阳路与柳盛道相交路口，全长633米。其中桥梁工程长约324米，为三跨钢箱梁结构，桥跨总长200米，主跨85米，桥面宽40米，行车道全宽34米。另外引桥之间预留13米的跨人行通道，保证上下游亲水平台的贯通。春意桥于2013年8月31日建成通车后，南北向贯通津塘路与大沽南路，对于缓解快速

2013 年建成的春意桥

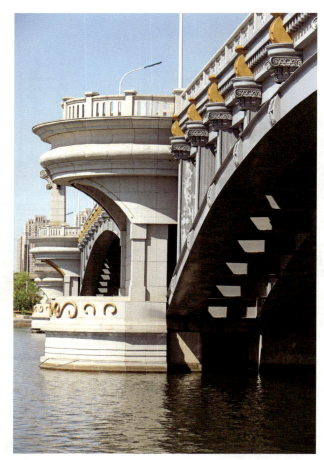

利用桥墩外探搭建的半圆形观景台

路、海津大桥的交通压力，疏导海河两岸的过河交通，发挥了积极作用。

　　春意桥桥墩之上的人行通道，特意设计了探向河面的半圆形观景台，扶栏远眺，一派美丽的郊野风光。大桥两岸的边墩，向上凸起塔柱型桥头堡，层次丰富，巍峨挺拔。桥头堡底部的拱券内镶嵌着金色的"春意桥"三字，置于卷草花框内，显得高雅而秀气。此外，春意桥横跨堤岸处，均设有宽敞的拱形通道，石砖铺地，铝合金饰板贴面，既可遮风避雨，又可供市民休闲健身。

采用三跨钢箱梁结构的春意桥

吉兆桥
巧夺天工架通途

吉兆桥位于天津市中心城区的中环线和外环线之间，起点为雪莲南路与海河东路相交路口，终点为吉兆路与柳盛道相交路口。大桥全长923米，桥面宽40米，双向六车

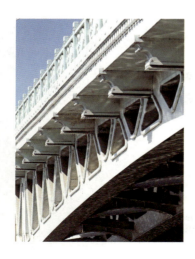

桥体充满柔美、和谐的韵律

2013 年建造的吉兆桥

道，2013年11月通车。该桥连接河东二号桥地区和河西柳林地区，改变了海津大桥至外环线段没有桥梁的历史，进而减轻海津大桥、快速路的交通压力，可辐射影响包括吉兆路、国盛道、吉盛道、海河东路、雪莲南路、利福道、月牙河东路、娄山道等四十余条道路。对缓解周边道路拥堵，完善河东二号桥地区与河西柳林地区的路网起到重要作用，为河西、河东、东丽、津南四区的居民提供交通便利。

吉兆桥设计为三跨变截面钢筋混凝土组合桁架梁桥，其桥梁整体造型为欧式风格，与周边建筑形态匹配。吉兆桥由三个部分组成，南北两侧有引桥，中间是跨越海河的主桥，长200米。主桥为三跨全钢与混凝土浇筑的桁架组合桥，大桥外形线条流畅，节奏明快，充满韵律。吉兆桥是海河上下游唯一的桁架结构钢架桥。

吉兆桥主体为淡雅的粉绿色，体现出柔和、轻盈、舒缓的人文精神。吉兆桥采用了多项新技术，其中包括在国内首次采用的高性能软钢阻挡防落梁装置，该装置与铅芯橡胶隔震支座，形成混合耗能减隔震系统，增加了结构的阻尼性能。以往桥梁设计，多数采用混凝土挡块进行防落梁硬性阻挡，如遇地震，混凝土挡块很可能遭到破坏，容易发生上部结构的落梁震害。本桥采用新技术后，对上部结构的大位移变形采取柔性阻挡，耗散地震冲击力，从而增加了大桥的安全系数。为此，该项目还获得了詹天佑工程奖。

清风习习，吉兆桥倒映于河水之中

延伸远去的大桥护栏，色彩清新，线条美妙

阅读天津·津渡

HOW TO READ TIANJIN
FERRY CROSSING

后记

　　1404年12月23日，天津筑城设卫，是中国古代唯一拥有确切建城时间的城市。2022年，她即将迎来618岁生日。

　　孟夏时节，风暖蝉鸣，我们一众出版人齐聚一堂，筹划出版"阅读天津"系列口袋书，旨在贯彻新发展理念，挖掘地域文化，突出趣味性、故事性、通俗性，以"小切口"讲好天津故事，反映新时代人民心声，为城市献上一份贺礼。大家各抒己见，同一座城市却有着不同的关键词：海河岸广厦高耸，滨江道游人如织，这是一座"繁华"的城；古运河舟楫千里，天津港通达天下，这是一座"开放"的城；老城厢幽静雅致，五大道异域风情，这是一座"包容"的城；相声茶馆满堂彩，天津方言妙趣生，这是一座"幽默"的城……

　　倘若一座城市内部千篇一律，必然乏善可陈。不同的关键词，恰好表明天津城市图景具有多样性和丰富性，蕴藏着广阔而灵动的书写空间。然而，究竟从何处下笔为好？

我们又陡觉茫然。

著名作家冯骥才先生曾说：“评说一个地方，最好的位置是站在门槛上，一只脚踏在里边，一只脚踏在外边。倘若两只脚都在外边，隔着墙说三道四，难免信口胡说；倘若两只脚都在里边，往往身陷其中，既不能看到全貌，也不能道出个中的要害。”

想来颇有道理，大家要么是土生土长的老天津人，要么是迁居多年的新天津人，早已“身陷其中”，真有必要迈出门槛，重新“远观”这座熟悉的城市。远观之远，非空间之远，乃心理之远。于是，我们计划佯装游客，尽量卸下自诩熟稔的“土著”心态，跟随熙熙攘攘的旅人，再次探寻天津。

漫步五大道，各式各样的洋楼连墙接栋，百年前多少雅士名流、政要富贾寓居于此。骑行海河畔，一座座桥梁飞架两岸，一桥一景，风格各异。游逛古文化街，泥人张、风筝魏、崩豆张等天津特产琳琅满目，坐落街心的天后宫庄严肃穆，漕运兴盛时水工船夫在此会聚求安。徐步杨柳青，古镇曾经“家家会点染，户户善丹青”，年画随运河水波，销往各地。落座津菜馆，罾蹦鲤鱼、煎烹大虾、清蒸梭子蟹、八珍豆腐，“当当吃海货，不算不会过”道出天津人对河鲜海味的偏爱。驱车观海滨，天津港货船繁忙，东疆湾海风拂面，大沽口炮台遗址见证了中华民族抵御外辱的不屈意志，被称为“海上故宫”的国家海洋博物馆收藏着无穷的海洋奥秘……

数日游走，一行人深感佯装游客也是一件力气活儿，哪怕再花上三五天也游不完这座城。旅途的尾声，我们选择登上“天津之眼”摩天轮，将大半座城市的繁华尽收眼底。座舱缓缓升至最高处，眼前的三岔河口正是海河的起点，所谓"众流归海下津门"，极目远眺间，心中豁然开朗！"举一纲而万目张，解一卷而众篇明"，近在眼前的海河不正是那"一纲""一卷"吗？上吞九水、中连百沽、下抵渤海，我们数日以来的足迹，似乎从未远离过海河！

从地图上看，海河水系犹如一柄巨大的蒲扇铺展在大地上，其实她更像是这座城市庞大而有力的根系，将海河儿女紧紧凝聚——城市依河而建，百姓依河而聚，文化依河而生，经济依河而兴。

经过反复讨论，我们决定推出"阅读天津"系列口袋书第一辑"津渡"，以海河为线索，串联起天津的古与今、景与情，讲述海河历史之久、两岸建筑之美、跨河桥梁之精、流域物产之丰、沽上文学之思……

众人拾柴火焰高。在出版过程中，感谢中共天津市委宣传部的谋划和指导，践行守护城市文脉的责任担当，鼓励我们打造津版好书；感谢冯骥才、罗澍伟、谭汝为、王振良先生，为我们指点迷津，完善策划方案；感谢"津渡"的每一位作者、插画师、摄影师、设计师，付梓之时，更觉诸位良工苦心。

最后，感谢抚书翻看至此的读者！甲骨文的"津"，字形像一人持篙撑舟，我们也期望"津渡"犹如一叶扁舟，载着读者顺水而下，遍览一部流动的城市史诗！

"阅读天津"系列口袋书出版项目组

2022年9月